A BÍBLIA EXPLICA
Três textos geralmente usados fora do contexto
Explicando a verdade e expondo o erro

DAVID PAWSON

ANCHOR

Copyright © 2022 David Pawson

TRÊS TEXTOS GERALMENTE USADOS FORA DO CONTEXTO
English original: Three texts often taken out of context

Os direitos autorais referentes a este livro são assegurados a David Pawson, de acordo com a Lei de Direitos Autorais, Desenhos Industriais e Patentes de 1988 (Reino Unido).

Uma publicação da
Anchor, nome comercial de David Pawson Publishing Ltd.
Synegis House, 21 Crockhamwell Road,
Woodley, Reading RG5 3LE, UK

Todos os direitos reservados.

Nenhuma parte desta publicação pode ser reproduzida ou distribuída, em qualquer forma ou por quaisquer meios, sejam eles eletrônicos ou mecânicos, incluindo fotocópias e gravações, ou por qualquer sistema de armazenamento e recuperação de informações, sem autorização prévia, por escrito, da Editora.

Para obter outros materiais de ensino de David Pawson, inclusive DVDs e CDs, acesse
www.davidpawson.com

PARA DOWNLOADS GRATUITOS
www.davidpawson.org

Mais informações pelo e-mail
info@davidpawsonministry.com

ISBN 978-1-913472-56-6

Sumário

Três textos geralmente 7
usados fora do contexto

Apocalipse 3.20 10

João 1.12-13 13

João 3.16 16

Eu lhe dei duas responsabilidades importantes como mestre: explicar a verdade e expor o erro.
Revelação de Deus a David Pawson
Agosto de 2013

Esta publicação baseia-se em uma palestra. Por originar-se da palavra falada, muitos leitores considerarão seu estilo um tanto diferente do meu modo costumeiro de escrever. Espero que isto não venha a depreciar a essência do ensino bíblico encontrado aqui.

Como sempre, peço ao leitor que compare tudo o que digo ou escrevo ao que se encontra registrado na Bíblia, e, caso perceba um conflito em qualquer ponto, sempre fie-se no claro ensino das Escrituras.

David Pawson

A BÍBLIA EXPLICA
Três textos geralmente usados fora do contexto
Explicando a verdade e expondo o erro

A Bíblia que você tem nas mãos, organizada em capítulos e versículos, não reflete a forma como Deus planejou que lêssemos a sua Palavra. Originalmente, os manuscritos eram livros completos, sem qualquer divisão de capítulos e versículos. Durante muitos séculos, a Bíblia dos cristãos não tinha capítulos e versículos numerados. Era preciso conhecer o conteúdo de determinado livro, pois, sem a numeração, era praticamente impossível referenciar uma passagem. A numeração dos capítulos foi uma iniciativa de Stephen Langton, um arcebispo da Cantuária que viveu no século 13. As divisões inseridas por ele estão, muitas vezes, em lugar indevido. Logo no início da Bíblia, temos a narrativa da semana da criação, mas a divisão do capítulo 2 separa o sétimo dia dos anteriores. É estranho encontrar a descrição de uma semana com seis dias em um capítulo e somente o sétimo dia no capítulo seguinte! Langton também dividiu o poema sobre o Servo Sofredor, colocando os primeiros versos no capítulo 52 de Isaías e o restante no capítulo 53. Em Atos 18 e 19, Paulo encontrou alguns discípulos em Éfeso que aparentavam ser cristãos, mas sentiu que algo lhes faltava. A razão para essa condição incomum você encontra no capítulo 18.

A pior divisão de todas está no último livro da Bíblia, cuja narrativa está repleta de grupos de sete. Logo no início, há sete cartas escritas para sete igrejas e cada uma das cartas tem sete partes. Mais adiante, sete selos são abertos, sete trombetas soam e sete taças da ira são derramadas. A maioria das pessoas que lê o livro conhece esses grupos de sete, mas há um dos grupos que elas desconhecem e simplesmente ignoram. São as sete visões do futuro, que foram divididas em três capítulos – 19, 20 e 21 –, portanto nunca são lidas em conjunto, como uma série de sete visões. Se fossem lidas como um único grupo, não haveria debates a respeito do Milênio. Tenho certeza de que você já ouviu sobre pré-milenismo, pós-milenismo e amilenismo. Certo amigo meu foi a Belfast, Irlanda do Norte, e assim que desceu do avião, alguns cristãos lhe perguntaram: "Você é amilenista, pré-milenista, pós-milenista ou dispensionalista?" e ele respondeu: "Essa é uma pergunta dispensável", resposta que achei muito boa. Hoje, muitos cristãos afirmam ser pan-milenistas – não sabem qual visão sobre o Milênio é a correta, mas acreditam que o panorama final será positivo. É muito importante que os cristãos conheçam essas diferentes visões, pois somente uma delas defende a crença de que Cristo voltará para governar este mundo; as demais descartam totalmente essa ideia. Isso faz imensa diferença em nossa esperança para o futuro.

Neste livro, no entanto, trato de um problema diferente, que pode ser resumido no clichê: "Texto sem contexto torna-se pretexto". Isso significa simplesmente que se você extrair um versículo do texto que o cerca e citá-lo isoladamente, provavelmente lhe dará um sentido incorreto, pois o sentido de cada versículo da Bíblia deve-se ao seu contexto – e não me refiro apenas aos versículos anteriores e posteriores, mas a toda a passagem, bem como ao livro e ao Testamento em que ele se encontra. O sentido de qualquer versículo da Bíblia depende de todo esse contexto maior. Um texto fora do contexto muitas vezes leva à interpretação equivocada da Bíblia, pois Deus não planejou a divisão de sua Palavra em capítulos e versículos.

Já mencionamos que as divisões de capítulos foram introduzidas primeiro. A numeração dos versículos, por sua vez, foi iniciativa de um tipógrafo de Paris. Viajando de carruagem de Paris a Lyon, ele pensou: "Vou dividir os capítulos em versículos, numerar cada um deles, e assim os textos poderão ser facilmente encontrados". A causa era digna, porém descabida, pois permitiria que um texto fosse lido isoladamente, ignorando-se seu contexto. Nesse caso, invariavelmente, a interpretação de seu sentido é equivocada. Vou apresentar alguns exemplos. Um dos textos sobre o qual vamos refletir é João 3.16. Muitos sabem esse versículo de cor, mas poucos se lembram do que está escrito em João 3.15 e João 3.17. No entanto, não é possível entender João 3.16 sem levar em conta João 3.15. A interpretação será incorreta.

Vamos analisar três versículos que são citados fora de seu contexto e que costumam ser interpretados incorretamente. Em meu livro intitulado *The Normal Christian Birth* [O Nascimento Cristão Normal], tentei, com base no Novo Testamento, descrever o processo do novo nascimento e entrada no reino. Há quatro passos no nascimento: arrepender-se de seus pecados para com Deus, crer no Senhor Jesus, ser batizado na água e receber o Espírito Santo. Fui a muitas livrarias cristãs e comprei todos os livros que ensinavam como tornar-se cristão. A maioria deles citava apenas três textos e usava-os como base para aconselhar e ajudar os que estivessem interessados em tornar-se cristãos. Vou examinar esses três textos e mostrar como cada um deles foi removido de seu contexto e, consequentemente, recebeu um sentido diferente daquele proposto na Bíblia. Os versículos são: Apocalipse 3.20, João 1.12-13 e, principalmente, João 3.16.

Primeiramente, porém, vamos ver outro versículo que costuma ser amplamente usado fora do contexto: "Tudo posso naquele que me fortalece". É um lindo versículo, citado com frequência. Gostaria que, durante 30 segundos, você pensasse em algo que consiga fazer por meio de Cristo que o fortalece – algo que não poderia fazer sem ele. Consegue pensar em algo específico quando se lembra desse versículo? Você pensou em dinheiro? O contexto refere-se ao dinheiro e à administração de renda, seja ela exígua ou polpuda. O sentido do texto é este: quer eu tenha muito ou pouco dinheiro, estou satisfeito; aprendi a estar contente e a viver com o que recebo, porque tudo posso fazer em Cristo – ele me fortalece. Gosto muito de pregar sobre esse tema hoje, pois muitas pessoas na Inglaterra têm dificuldades para viver nos limites de seus ganhos e acabam contraindo dívidas. O texto, portanto, é extremamente relevante. Logo de cara, é possível perceber como um texto fora do contexto pode desviar a reflexão para algo bastante diferente.

Vejamos, então, alguns textos que são amplamente usados de forma indevida, fora de seu contexto. Você já deve ter ouvido sermões baseados em interpretações equivocadas de textos bíblicos. O primeiro deles é Apocalipse 3.20, e o equívoco é resolvido rapidamente.

Apocalipse 3.20
"Eis que estou à porta e bato. Se alguém ouvir a minha voz e abrir a porta, entrarei e cearei com ele, e ele comigo". Esse é um dos textos chamados *evangelísticos*. Ouvi muitas pregações a respeito, afirmando que "a porta" é a porta do seu coração, e que Cristo está batendo à porta, pedindo para entrar em sua vida. Mas se analisarmos o versículo no seu contexto, veremos que ele não tem relação alguma com o processo de conversão.

O texto é dirigido às igrejas; nesse caso, Laodiceia, uma igreja grande, com grandes congregações e arrecadações proporcionais ao seu tamanho. Apesar de todos a considerarem uma igreja bem-sucedida, certa pessoa estava ausente dos cultos e ninguém sentia falta dela. Essa pessoa era Jesus. Jesus não frequentava aquela igreja. Não é espantoso?

O versículo é um convite maravilhoso e nos ensina que basta o gesto de um membro da igreja para que Cristo entre novamente ali. Que promessa! Uma igreja, mesmo sendo grande, bem-sucedida e rica, pode estar, aos olhos de Jesus, desesperadamente pobre e enferma. Os membros da igreja não percebem, mas esse é o significado das palavras de Jesus: "Estou à porta da igreja e bato, e se algum membro me convidar a retornar, eu entrarei e farei uma refeição com essa pessoa. E nos assentaremos lado a lado, como amigos". É um convite formidável. Em minha primeira visita a Laodiceia, enquanto eu caminhava pelas ruínas que ainda não haviam sido escavadas, deparei-me com uma porta. Não era a porta de uma igreja, mas poderia ter sido. Era uma porta gótica com o topo pontiagudo, e parte dela, bem como de seu batente, mostrava-se acima do solo.

Recentemente, quando voltei ao local, a porta havia sido escavada, mas eu tinha uma fotografia dela quando ainda estava sob as ruínas. Se essa porta tivesse sido, de fato, a porta de uma igreja, seria nela que Jesus estaria batendo. Uma só pessoa basta para trazer a presença de Jesus de volta a uma igreja grande e bem-sucedida, onde ele teria prazer de estar. No entanto, estão todos tão satisfeitos com seu sucesso e sua prosperidade que sequer notam que Jesus não está mais presente nos cultos.

O texto, na verdade, é usado fora do contexto e isso se deve, em grande parte, à conhecida obra "A Luz do Mundo", do renomado artista Holman Hunt, uma pintura que retrata Jesus. O original pode ser visto na Catedral de São Paulo, em Londres. É a figura de Jesus se preparando para bater à porta de uma casa, segurando uma lanterna na penumbra, cercado por árvores em um jardim. Não há maçaneta do lado de fora. O artista afirmou que a porta somente pode ser aberta pelo lado de dentro. Hunt usou três jovens como modelos para sua pintura de Jesus. Uma jovem de cabelo ruivo para o cabelo, outra com traços angelicais para o rosto de Jesus, e mais uma jovem, esbelta, para o corpo, vestindo-a com trajes eclesiásticos. Quando descobrimos a verdade sobre essa pintura deixamos de apreciá-la. Especula-se que o artista tenha se inspirado na porta de um celeiro em um pomar a alguns quilômetros de Londres, onde estavam também as três jovens modelos. Desde então, para muitas pessoas, a pintura passou a ser considerada a representação do versículo de Apocalipse, chegando a ser usada em livretos para ilustrar o processo de tornar-se cristão. Mas o versículo não fala sobre "abrir a porta do seu coração para Jesus". Seu significado é que qualquer membro pode trazer Jesus de volta à igreja. Basta que alguém o convide. Não creio, portanto, que esse versículo deva ser apresentado às pessoas nas ações evangelísticas.

A propósito, assim que descobrimos o verdadeiro significado de um versículo, jamais conseguimos usá-lo novamente com seu sentido incorreto. Há muitos anos, preguei um sermão evangelístico usando João 3.16 como texto-base. Não consigo me lembrar de todo o esboço, mas o primeiro ponto era "O maior presente" e o segundo era "O maior amor". Consegui elaborar um excelente esboço com o uso de aliteração e preguei o evangelho. No entanto, jamais serei capaz de usar o versículo da mesma forma, pois hoje conheço o seu real significado. O sentido que eu costumava apreciar desapareceu. Não me atrevo a usá-lo da forma como o usava antes, e receio que o mesmo acontecerá a você, pois passará a entender esses três versículos de forma diferente da qual costumava entendê-los. A sua mensagem será poderosa se limitar-se a usá-los em seu sentido verdadeiro. É poderoso afirmar a uma congregação que basta um dos membros para trazer a presença de Jesus de volta a uma igreja. A porta mencionada no versículo, contudo, não é a do seu coração, é a porta de uma igreja.

João 1.12-13

O próximo texto que eu gostaria de examinar foi usado em praticamente todos os livros cujo tema era o processo de tornar-se cristão. Antes de escrever meu livro *The Normal Christian Birth*, para certificar-me de que estava no caminho certo, adquiri 34 publicações. Uma delas usava João 1.11: "Veio para o que era seu, mas os seus não o receberam". E, em seguida, os versículos 12 e 13: "Contudo, aos que o receberam, aos que creram em seu nome, deu-lhes o direito de se tornarem filhos de Deus, os quais não nasceram por descendência natural, nem pela vontade da carne nem pela vontade de algum homem, mas nasceram de Deus". O trecho usado fora do contexto encontrado em todos aqueles livretos era: "Aos que o receberam, aos que creram em seu nome, deu-lhes o direito de se tornarem filhos de Deus".

Alguns deles chegaram a mudar o tempo verbal, dizendo, portanto: "Aos que o *recebem*, aos que *creem* em seu nome, [Deus] dá-lhes o direito de se tornarem seus filhos". É uma mudança bastante significativa, mas os autores estão apenas citando o versículo na forma como ele é interpretado por muitos. A maioria das pessoas não presta atenção ao tempo verbal. Os verbos "receberam" e "creram" estão no passado. Não estão no presente. Não são aplicáveis às pessoas hoje. Trata-se de uma descrição histórica do tempo em que Jesus esteve na Terra, quando era possível convidá-lo e recebê-lo em casa para partilhar de uma refeição. Agora ele não está aqui, por isso não é possível "recebê-lo". Recebemos o Espírito Santo, que veio ocupar o lugar de Jesus na Terra.

Observe o contexto: "Veio para o que era seu, mas os seus não o receberam. Contudo, aos que o receberam... [naqueles dias] aos que creram em seu nome [quando ele estava na Terra] deu-lhes o direito [ou a autoridade] de se tornarem filhos de Deus, os quais não nasceram [de novo] por descendência natural, nem pela vontade da carne [de algum homem], mas nasceram de Deus". Os dois verbos estão no passado. Eles se referem, portanto, ao que aconteceu quando Jesus veio à sua terra, Israel, ao seu povo, os judeus. Aqueles que o receberam em suas casas e o acolheram nasceram de Deus, pela sua vontade, mas muitos não o receberam nem o acolheram. Trata-se de uma descrição do que aconteceu quando Jesus estava na Terra, quando ele veio para o que era seu, veio para seu próprio povo. O contexto revela que se trata de uma referência ao povo judeu e ao tempo físico de Jesus na Terra – os que o receberam e os que não o receberam. Temos, desse modo, o verdadeiro sentido do versículo. Fica claro que a presença física de Jesus os dividiu profundamente em dois grupos: os que o receberam e os que não o receberam, e esses versos refletem essa ocasião. Essa afirmação, contudo, não se aplica aos nossos dias, pois não podemos *receber Jesus* hoje. Podemos receber apenas a terceira Pessoa da Trindade, que assumiu o lugar de Jesus durante a sua ausência. Assim que os céus receberam Jesus e ele não foi mais visto, não se fala mais sobre *receber* Jesus. Os apóstolos nunca falaram sobre "abrir a porta do seu coração e deixar Jesus entrar". Não era assim que pregavam o evangelho. Eles diziam: "Creia em Jesus, que agora está à direita de Deus, no céu. É lá que ele está. Creia nele e receba a Pessoa que ele enviou para tomar seu lugar na Terra".

Isso significa que para entrar no reino, precisamos ter uma experiência simultânea com o Espírito Santo e com Jesus. Sendo assim, nossa experiência de conversão é com a Trindade desde o início. Quando conduzimos uma pessoa no processo de salvação, não devemos dizer que ela precisa abrir o seu coração para Jesus entrar, pois isso seria o mesmo que apresentar-lhe apenas uma Pessoa da Trindade – o evangelismo "unitariano". O evangelismo "binitariano" caracteriza-se por apresentar alguém ao Pai por meio de Jesus. No evangelismo trinitariano, temos uma experiência com o

Pai, com o Filho e com o Espírito Santo. No batismo, essa experiência trinitariana é confirmada, pois somos batizados em nome do Pai, do Filho e do Espírito Santo. Desde o início, somos capazes de compreender a dinâmica da Trindade. Entretanto, existem muitos cristãos confusos com a ideia da Trindade, pois nunca tiveram uma experiência pessoal com todas as três Pessoas. Se nosso evangelismo fosse conduzido de forma apropriada, todo novo convertido, logo no início, teria um relacionamento com as três Pessoas e não precisaria ser apresentado a elas posteriormente.

Esse, portanto, é o meu entendimento de João 1.12. O texto não afirma que, a todos quantos recebem Jesus "hoje", ele lhes dá o direito de se tornarem filhos de Deus. A mudança no tempo verbal faz toda a diferença. Trata-se de uma afirmação cuja forma verbal está no passado e se refere ao tempo em que Jesus esteve na terra de Israel, entre o povo judeu. É uma declaração verdadeira do que aconteceu. O Espírito Santo ainda não havia sido concedido e eles criam no nome de Jesus, pois era tudo o que tinham. Ao recebê-lo, demonstravam que acreditavam nele, como fez Zaqueu quando Jesus lhe disse: "Quero almoçar com você em sua casa hoje". Nesse dia, a salvação chegou para Zaqueu, que não tinha tido uma experiência com o Espírito Santo, pois ainda não havia sido derramado, por isso não é mencionado nessa conexão.

Considerando que o contexto imediato de João 1.12 é a vinda física de Jesus à sua terra e ao seu povo, não podemos deduzir que os fatos ocorridos na ocasião estão destinados a se repetir hoje. Alguns versículos são claramente aplicáveis aos nossos dias, mas outros descrevem o que aconteceu naquela época. Devemos ser cautelosos na forma como aplicamos a Palavra de Deus. No entanto, encontrei esse versículo, juntamente com Apocalipse 3.20, em praticamente todos os 34 livretos que li sobre o processo de tornar-se cristão, ambos citados fora do contexto e com um novo sentido a eles atribuído.

João 3.16

João 3.16 é, provavelmente, o versículo mais mal interpretado e mal aplicado de todo o Novo Testamento. Por curiosidade, comprei um livro intitulado *The Gospel in Four Thousand Languages* [O evangelho em quatro mil línguas]. Quando abri o livro, descobri que se tratava de um único versículo – João 3.16 – traduzido em quatro mil idiomas. Essa é a síntese do evangelho? Acho que não. Quando lemos esse texto em seu contexto, percebemos que seu sentido difere muito do que se conhece popularmente.

Os cristãos, em sua maioria, não conhecem bem o contexto dessa passagem, e não há como interpretar o versículo 16 corretamente se desconhecemos os versículos que o antecedem e sucedem. Vou explicar o real significado da palavra "tanto", que é a mais mal interpretada. Temos a tendência de lê-la colocando a ênfase na letra "a": Porque Deus *ta-a-anto,* ou tão profundamente, amou o mundo...

Vamos analisar o versículo por uma perspectiva diferente. Ele aparece ao final de uma conversa particular entre Jesus e Nicodemos: um belo e surpreendente diálogo. Na penumbra da noite, Nicodemos, um homem considerado "mestre em Israel", veio conversar com Jesus, aprender com ele. Nicodemos ocupava a posição de principal teólogo da nação, aquele que deveria ter todas as respostas. É esse o homem que veio secretamente aprender de Jesus, e isso é muito interessante. Essa conversa teria um efeito duradouro. Nicodemos foi um dos dois homens do Sinédrio (o conselho de anciãos ou juízes judeus, com 70 membros) que se opuseram à morte de Jesus. O outro foi José de Arimateia.

Desse modo, foi um resultado de 68 votos contra dois que condenou Jesus à morte – um processo conduzido ilegalmente do início ao fim. Votar a favor de Jesus custou muito a Nicodemos. Esses dois homens foram os mesmos que cuidaram dos preparativos para o funeral de Jesus e ungiram seu corpo, sepultando-o em uma tumba escavada na face de um penhasco no jardim de José de Arimateia. É um relato maravilhoso.

Nicodemos é descrito posteriormente no relato como amigo e defensor de Jesus. O principal mestre dos judeus era humilde o bastante para admitir que precisava aprender. Um bom mestre é sempre um bom aprendiz, que ouve constantemente outras pessoas e aprende com elas. No entanto, sendo ele "o" mestre, não faria bem à sua reputação ser visto em busca do conhecimento desse novo mestre, muito popular com as pessoas comuns, porém impopular com os governantes, especialmente os outros membros do Sinédrio. Ele sabia que Jesus tinha um tipo diferente de ensinamento; quando Jesus ensinava, milagres aconteciam, Deus agia. Mas quando Nicodemos ensinava, ele apenas ensinava. Abrir seu coração foi uma confissão e tanto para o principal mestre da nação. Seu desejo era saber o segredo do ensino de Jesus.

O relato de João é um resumo dessa conversa. Jesus confirmou que faltava algo a Nicodemos. O mestre de Israel realmente não tinha a resposta? Era evidente que não, por isso Jesus a ofereceu. Ele havia sido ungido pelo Espírito Santo em seu batismo. O segredo é "água e Espírito", pois foi assim que teve início o poderoso ministério de Jesus. Até os 30 anos, Jesus não tinha realizado um único milagre; somente depois de ser batizado na água e o Espírito Santo descer sobre ele como uma pomba, sua mensagem passou a ser acompanhada de milagres. Então ele disse a Nicodemos: "Você deve nascer de novo da água e do Espírito". A maioria dos evangélicos ignora a palavra "água", mas ela está presente em todos os primeiros capítulos de João, e seu significado é simplesmente "água". Quando o termo é mencionado no capítulo 3 de João, ele se refere ao batismo. Creio que Jesus esteja dizendo: "Você precisa ser batizado na água e no Espírito Santo e então também poderá ter um ministério como o meu. Você precisa nascer de novo da água e do Espírito". Jesus associa a água e o Espírito à sua própria experiência e ao início de um ministério poderoso.

Tudo isso serve de pano de fundo e, naquela noite, no local escuro onde estavam assentados, provavelmente o terraço superior de uma casa, o vento agitava seus cabelos. Jesus então afirmou que o Espírito é como o vento – sentimos o seu toque, mas não sabemos de onde vem nem para onde vai. É assim a experiência de nascer de novo "da água e do Espírito".

Um cristão precisa de dois batismos: na água e no Espírito Santo. Deus age por meio de ambos. O batismo na água sem o Espírito Santo torna-se o que chamamos de "regeneração batismal" – e há quem acredite que a água tenha esse poder. Esse não é o ensino bíblico. A água *e* o Espírito agem no novo nascimento. Ambos são necessários, e tanto o batismo na água quanto o batismo no Espírito são parte do processo de salvação. Ambos estão presentes na linha horizontal na qual são dados os passos no caminho da salvação; e o batismo na água e o batismo no Espírito fazem parte do processo de salvação. Isso não acontece se você tiver em mente uma linha vertical, com uma divisão entre "antes" e "depois" da salvação, pois colocará os dois batismos no lado do "depois", como se fosse possível ser salvo sem eles. Segundo o Novo Testamento, contudo, ambos estão presentes nesse processo de salvação e são tão necessários quanto os outros passos, como o arrependimento e a fé. Para ter um ministério poderoso, você certamente precisa dos dois. É o que Jesus está ensinando a Nicodemos.

Jesus e os discípulos nunca falaram ao público em geral sobre a necessidade de nascer de novo. Jesus o disse somente a Nicodemos, a mais ninguém. Mesmo assim, muitos cristãos distribuem o Evangelho de João a incrédulos na esperança de que eles cheguem até o capítulo três e leiam que é necessário nascer de novo. E normalmente o foco passa a ser a necessidade de "nascer do Espírito", e o batismo na água é deixado de lado. Para Jesus, contudo, a água e o Espírito são elementos da salvação completa que ele deseja para nós. Para uma explicação mais detalhada, recomendo meu livro *Jesus Baptises in One Holy Spirit* [Jesus batiza no Espírito Santo]. A cena, portanto, está definida. E o diálogo continua. Mas até que ponto? Será que a Bíblia indica onde termina a conversa entre Jesus e Nicodemos? Algumas versões fecham as aspas somente no v. 21 para indicar o final da conversa. Com isso, presumimos que todas as palavras entre aspas foram ditas por Jesus, mas isso é um erro. Nenhuma versão é perfeita!

As aspas finais deveriam estar no final do v. 15, pois o v. 16 não foi dito por Jesus nem dirigido a Nicodemos; é um comentário de João, aquele que está narrando o encontro. São suas palavras. Cinco razões me levam a fazer essa afirmação, e vou apresentar duas delas. Se você prestar atenção, verá que no v. 15, a cruz ainda não havia acontecido, é um fato futuro. No v. 16, contudo, trata-se de um fato passado. Essa é a primeira razão pela qual eu interromperia o diálogo no final do v. 15, pois essa questão do momento é significativa. No v. 14, Jesus havia dito: "Da mesma forma como Moisés levantou a serpente no deserto, assim também é necessário que o Filho do homem seja levantado". Vem então o v. 15: "Para que todo o que nele crer tenha a vida eterna" – estas foram as últimas palavras de Jesus a Nicodemos. Tendo a cruz como fato futuro, elas indicam que a cruz ainda aconteceria, e Nicodemos, mais tarde, testemunhou o fato. O v. 16, no entanto, diz: "Porque Deus tanto amou o mundo que deu [forma verbal no passado] o seu Filho Unigênito [claramente "deu" não apenas no seu nascimento, mas também na sua morte] para que todo o que nele crer não pereça, mas tenha a vida eterna". Desse modo, se o v. 15 vê a cruz como um fato futuro e o v. 16, como um fato passado, fica evidente que o v. 16 não contém as palavras de Jesus a Nicodemos.

A segunda razão é esta: Jesus sempre se referiu a si mesmo como "Filho do homem". Há muitas razões para isso, algumas encontradas em Daniel, outras em Ezequiel. Falando a respeito de si mesmo, ele disse: "O Filho do homem veio buscar e salvar o que estava perdido". Jesus, referindo-se a si mesmo, afirma que o Filho do homem será levantado, mas no v. 16 ele não é chamado dessa forma, mas de *Filho Unigênito*, termo que Jesus jamais usou. João o usa no capítulo 1 e novamente aqui, no capítulo 3. Era a forma como João se referia a Jesus, e não como Jesus se referia a si mesmo, mais uma forte razão para colocarmos as aspas finais no final do v. 15.

Se Jesus de fato disse as palavras do v. 16, seria a única ocasião em toda a sua vida em que ele teria falado do amor de Deus a um incrédulo, algo que Jesus e os apóstolos jamais fizeram publicamente. Não era esse o evangelho que seria apresentado ao mundo. Essas palavras teriam sido uma exceção ao seu discurso, por isso defendo que do v. 16 em diante, lemos o comentário explicativo de João e não as palavras do Mestre. Ele expande e expõe em mais detalhes o que Jesus disse a Nicodemos no v. 15. O versículo 15 afirma que o Filho do homem deve ser levantado, para que todo aquele que crê possa ter vida eterna. João expande essas palavras no v. 16 e continua explicando o significado delas no restante da passagem. No v. 16, portanto, estamos falando do que João afirmou sobre Jesus, não do que Jesus disse a Nicodemos.

Isso é muito importante, pois o evangelho a ser pregado ao mundo não é o do amor de Deus. Recomendo que leiam dois livros meus: *João 3.16 é a síntese do evangelho?* e *The God and the Gospel of Righteousness* [O Deus e o evangelho da justiça, atualmente sem tradução]. Neles eu explico por que nosso evangelho para o mundo não é um evangelho sobre o amor de Deus. Jesus e os apóstolos jamais pregaram publicamente sobre o amor de Deus. No livro de Atos, por exemplo, ficamos sabendo como a Igreja e o evangelho se propagaram. Temos até sermões de Pedro e de Paulo, mas o amor de Deus não é mencionado uma única vez. Já tinha percebido isso? Não era sobre isso que os apóstolos falavam. Nos últimos cem anos, contudo, esse tem sido o evangelho que pregamos: dizemos às pessoas que Deus as ama. Esse é o primeiro conceito de um método de evangelismo, que teve origem nos Estados Unidos, chamado "As quatro leis espirituais": Deus nos ama. No entanto, não era o que os apóstolos pregavam naquele tempo.

Leia João 3.16 outra vez. Eu lhe dei duas boas razões (entre as cinco que poderia ter dado): João 3.16 apresenta as palavras de João e não as de Jesus; é um comentário sobre a conversa entre Jesus e Nicodemos. É João quem apresenta a palavra "amor" aqui. Vamos fragmentar esse versículo e analisar primeiramente os substantivos presentes, que são bastante diretos. O primeiro substantivo é "Deus". Aqui, ele significa o Deus e Pai de nosso Senhor Jesus Cristo, o Santo de Israel. É a esse Deus que o versículo se refere. O único Deus que existe. Quando você lê a palavra "Deus" isoladamente no Novo Testamento, ela significa Deus, o Pai, a primeira Pessoa da Trindade.

O substantivo seguinte é "mundo". Bem, não se trata de um termo apenas geográfico, é um termo teológico e refere-se a este mundo caído e pecaminoso. Não se refere genericamente ao mundo ou à raça humana, mas especificamente à raça humana caída, a raça humana pecaminosa. Precisamos fazer essa distinção porque, em sua primeira carta, João diz aos cristãos: "Não amem o mundo". Esse mesmo autor está afirmando que Deus amou o mundo, mas que você não deve fazer isso. [Essa aparente contradição] é muito interessante. João está dizendo: Deus amou este lugar pecaminoso chamado mundo, mas você não deve fazê-lo. Não imite ou tente imitar a Deus. Não ame o mundo.

Ele usa exatamente as mesmas palavras de João 3.16. É seguro para Deus amar um mundo caído. Não é seguro que você faça o mesmo, portanto entende-se que "o mundo" é um termo negativo. Não é apenas o mundo, mas o mundo mau, o mundo caído. Essa é a graça de Deus: ele amou um mundo mau e pecaminoso como este. Não apenas amou todos os que estavam neste mundo, mas amou um mundo caído.

O próximo substantivo é "Filho". João diz: "O Filho Unigênito de Deus". Isso não significa que Jesus teve uma origem ou que Deus, em algum momento no tempo, gerou um Filho. O termo da língua grega usado para "Unigênito" já foi traduzido como "o único gerado". Deus tem muitos outros filhos, mas todos são adotados. Ele gerou apenas um Filho, que sempre partilhou da sua natureza divina. Isso não significa que Jesus tenha passado a existir em algum momento antes do seu nascimento físico. Essa é a heresia das Testemunhas de Jeová e de muitos que não entendem que o Filho de Deus foi o único ser humano que escolheu nascer. Eu não escolhi nascer. Você também não. Eu não escolhi meus pais. Você também não. Mas Jesus sim, pois ele já existia antes mesmo de ser concebido. Ele escolheu ser concebido. Escolheu tornar-se homem. Jesus não dizia: "Eu *nasci* para isso". Não dizia "Nasci para esse chamado", mas sim: "Eu *vim* buscar e salvar o que estava perdido". Ele decidiu vir. Escolheu a família terrena em que nasceria, e essa é uma verdade importante da qual às vezes nos esquecemos na época do Natal. Pensamos que o nascimento foi o início da história de Jesus. Não foi o início, de forma alguma. Foi uma mudança para ele, mas uma mudança que ele escolheu.

Observe agora a expressão "todo o que". "Para que todo o que..." não é a melhor tradução. No grego, a palavra grega significa simplesmente "todos". É uma palavra simples. "Para que todos os que creem...". Não significa *qualquer pessoa*, mas *todos os que creem nele*. "Todo aquele que crê"; "para que todos os que creem..." É uma expressão inclusiva e muito mais abrangente. A menos que você conheça a língua grega, terá de acreditar no que digo. Estou lhe dizendo a verdade. O último substantivo aqui é "vida", mas que tipo de vida? Uma vida que envolve tanto quantidade como qualidade, por isso os tradutores divergem se ela deve ser classificada como vida eterna ou vida abundante. De fato, essa vida envolve os dois aspectos: vida que dura para sempre e plenitude de vida. Essa palavra "vida", portanto, é maravilhosa. Todos os que creem podem ter vida.

Depois de analisar os substantivos, vamos estudar os verbos e as formas verbais. Vou ensinar um pouco de grego e espero que essa pequena aula não seja muito complicada. As duas formas verbais na língua grega são o aoristo e o presente contínuo. O aoristo refere-se a algo que aconteceu uma vez no passado, um evento único que foi concluído. O presente contínuo é usado para uma ação que continua acontecendo. Costumo ilustrar essa distinção usando o seguinte exemplo. Imagine a cena de um acidente na estrada em que um motociclista foi atingido por um carro e está deitado no chão ao lado da motocicleta. Diante da cena, se alguém afirmar "ele respirou", a forma correspondente ao aoristo, entenderemos que ele respirou uma vez e parou de respirar, ou seja, está morto. Se, porém, disserem "ele está respirando", no presente contínuo, então entenderemos que ele continua respirando e está vivo.

Tendo isso em mente, é importante analisarmos os verbos usados em João 3.16. O verbo "amou" está no grego aoristo, portanto indica que Deus fez algo *uma vez*. Esse é o primeiro aspecto chocante desse versículo. Todos presumem que o texto está dizendo que Deus ama o mundo sempre. Bem, há uma verdade aqui, mas, nesse versículo, a verdade é que Deus, em certa ocasião, uma vez, amou o mundo caído, e foi quando ele fez algo a respeito e deu o seu Filho.

Praticamente todas as menções ao amor de Deus encontradas na Bíblia estão relacionadas à cruz, conforme lemos em Romanos e nas cartas de João. Foi na cruz que Deus amou um mundo caído. Esse, portanto, é o significado da palavra "amou". Não estamos falando das outras palavras no grego que significam diferentes tipos de amor: *epithumia* (o amor tóxico da lascívia), *eros* (o amor da atração) ou *philia* (o amor da afeição). Aqui, a palavra traduzida por "amor" é *agape*, o amor da ação. Sendo assim, o versículo fala do momento em que Deus agiu em socorro a nós, pobres pecadores. O amor foi demonstrado pela ação. Nasceu na emoção, em sua compaixão por nós, mas foi demonstrado por meio da ação no dia em que Cristo morreu. *Porque Deus amou o mundo uma vez quando deu seu Filho por nós.*

No grego, contudo, a palavra "crer" está no presente contínuo. Não é todo o que *creu*, mas todo o que *crê*. A melhor tradução seria: *todo aquele que continua crendo* – que crê habitualmente. Não se trata de crer uma única vez, mas de uma vida contínua de fé. Faz uma grande diferença, não acha? Não se refere a alguém que creu em Jesus há vinte anos. É alguém que continua crendo, confiando e obedecendo a Jesus.

O verbo seguinte é "perecer" e também está no grego aoristo, portanto refere-se a um evento único. Acontecerá um dia a algumas pessoas. Elas perecerão uma única vez e o verbo não significa "deixar de existir". Significa ser destruído, ser considerado inútil. Para ilustrar, pense nas ruínas de edifícios e tente imaginar como eram quando foram construídos. Um edifício destruído não serve para nada, assim como uma pessoa destruída não tem utilidade nenhuma.

Usamos a palavra "perecer" para algo que se tornou inútil. O verbo remete a uma bolsa térmica que está vazando ou a um pneu que se desgastou. Um pneu que perdeu a utilidade ainda se parece com um pneu. Ainda existe, tem o formato de um pneu, mas o desgaste da borracha não permite que seja usado.

O descarte de pneus velhos é um grande problema, embora hoje eles possam ser reciclados e transformados em asfalto. Muitos seres humanos, contudo, um dia serão destruídos e deixarão de ter utilidade para Deus.

Quando algo perece, o que você faz? Pode jogar na lata de lixo ou, se estivesse em Jerusalém, você o lançaria no "inferno". A Bíblia fala sobre o vale de Geena, que fica ao sul da cidade. Na primeira vez em que estive em Jerusalém, era um depósito de lixo, onde se queimavam os resíduos e de onde saía uma fumaça azulada. É um vale muito profundo – tão profundo que o sol não alcança toda a sua extensão. Fica nas proximidades do portão sul, chamado significativamente de "porta do esterco", pois antes que existissem descargas e saneamento, os resíduos humanos eram levados em baldes por essa porta e despejados no vale de Hinom ou Geena.

Ali ardia continuamente uma chama para consumir o lixo, mas além do fogo, havia comida estragada sendo devorada por larvas e vermes. Era um lugar horrível, sujo e malcheiroso. Hoje não é assim. Eles o "redimiram", transformando-o em um belo e paisagístico jardim. É um lugar onde os jovens casais apaixonados de Jerusalém podem caminhar ao pôr do sol.

Eu já preguei naquele vale, portanto posso dizer que preguei no "inferno", em Geena. Jesus usou a figura desse vale como uma referência ao inferno: um lugar onde o fogo nunca se apaga, onde o lixo é lançado. O vale de Hinom é o local para onde levaram o corpo de Judas Iscariotes. Ele enforcou-se em uma árvore, no topo do penhasco. Colocou uma corda em seu pescoço e jogou-se do penhasco e a corda se rompeu. Ele caiu no fundo do vale e suas entranhas ficaram expostas. Até hoje, esse trecho do vale é chamado *Akeldama*, campo de sangue.

É também o local onde eram lançados os corpos de todas as vítimas crucificadas. O corpo do próprio Senhor Jesus teria sido lançado ali se José de Arimateia e Nicodemos não tivessem encontrado um túmulo, pois todos os crucificados eram considerados lixo. Se não serve para mais nada, jogue fora! Portanto, o próprio Jesus ensinou que o inferno é o lugar onde são lançados os seres humanos inúteis. Ele nunca disse que Deus *manda* pessoas para o inferno. Ele sempre disse que Deus as *lança* no inferno. Lixo não é algo que se *coloca*; o lixo é jogado. Nós o jogamos fora, e Deus lançará no inferno pessoas inúteis, danificadas e irreparáveis. A melhor ilustração que podemos ter do inferno é, olhando do penhasco para o vale, imaginar como o local costumava ser. Por isso enfatizo que a palavra "perecer" não significa "deixar de existir",[1] mas continuar a existir como algo inútil para Deus. Não há afirmação mais terrível a respeito de um ser humano do que: ele não tem mais utilidade para Deus. É horrível. Imagine uma pessoa que chegou ao ponto de ouvir de Deus: "Você não tem nenhuma utilidade para mim – você é lixo".

Era assim que Jesus falava sobre o inferno e, a propósito, ele nos deu muitos alertas. Com exceção de duas, todas as suas advertências sobre o inferno foram dirigidas a crentes que haviam experimentado o novo nascimento. Duas delas foram feitas a fariseus, mas as restantes, a pessoas que haviam nascido de novo, não pela vontade do homem, mas de Deus, por meio da fé no nome de Jesus. Esse ponto é muito importante para os que creem na afirmação "uma vez salvo, salvo para sempre". A advertência de Jesus é dramática. *São os cristãos, além dos incrédulos, que devem temer o inferno.* Eu tenho medo de ir para o inferno. Tenho medo de perecer. Vou continuar crendo, por isso não vou perecer.

O verbo "ter" também está no presente contínuo. O texto não diz: agora você *tem* vida eterna. Mas sim: você *continuará tendo vida eterna se continuar crendo*. Os dois verbos estão conectados. Espero que você esteja começando a perceber que

---

[1] Nota do Tradutor: Em seu livro *The Road to Hell*, David Pawson combate o aniquilacionismo evangélico, doutrina segundo a qual os perdidos serão exterminados, deixarão de existir no inferno depois de pagar seus pecados.

esse versículo, escrito por João, foi dirigido aos crentes, não aos incrédulos, para exortá-los a continuar crendo, a continuar a ter vida porque continuam crendo. Na verdade, é o que João diz no final de sua carta: "Escrevi todas essas coisas para que vocês continuem crendo que ele é o Filho de Deus e, ao continuar a crer, possam continuar a ter a vida eterna". João preocupa-se com os cristãos que deixam de crer, que perdem sua fé, ou como diz Paulo, naufragam na fé.

É algo muito fácil de acontecer, por isso Jesus exortou os crentes nascidos de novo a temer o inferno e a perseverar na fé, a continuar crendo até o fim. Aquele que perseverar até o fim será salvo – é o que Jesus estava ensinando. É uma promessa. Não é aquele que *uma vez começou* a crer que será salvo, mas aquele que persistiu até o fim. Há uma salvação futura à nossa espera.

Analisamos os substantivos e os verbos, mas algumas das palavras mais curtas que não mencionei estão entre as mais importantes. A palavra "nele" é uma delas: todo aquele que *nele* crer – não basta crer *que* Jesus morreu. Mostro sempre às pessoas a diferença entre "crer que" Jesus morreu por nossos pecados e "crer em" Jesus. É possível acreditar *que* uma pessoa existe, mas isso não é o mesmo que acreditar *na* pessoa.

Perguntei, certa vez, a uma congregação na Alemanha:

— Quantos de vocês creem em mim?

Cinco pessoas ergueram a mão, entre elas uma senhora elegante na primeira fileira. Dirigi-me, então, a ela:

— Você crê em mim?

— Sim – ela respondeu.

— Como posso saber? Você afirmou que acredita em mim, mas não sei se crê de fato – e continuei — Você entregaria seu dinheiro aos meus cuidados? Assim eu saberia se realmente acredita em mim.

Todos ficaram em completo silêncio. Paralisados! Pensei: "Foi algo que eu disse?" Mais tarde, disseram-me que aquela era a mulher mais rica da região. Após a morte do marido, ela havia herdado muitos imóveis no centro da cidade. Agora era multimilionária. Concluí que ela havia financiado as novas instalações da igreja onde estávamos reunidos. Hoje tomo mais cuidado com o que digo no púlpito! Há uma imensa diferença entre "crer que" Jesus morreu por você e "crer em" Jesus, que morreu por você. Ele somente saberá se você realmente crê "nele" quando você demonstrar, quando agir de tal forma que mostre que confia nele. É por isso que Tiago, em sua epístola, ensina que a fé sem obras – a fé que não se expressa em ações – está morta. Você pode dizer o que quiser, mas a fé não se expressa em palavras. Não é uma questão de afirmar e reivindicar. Fé é ação; é fazer algo que demonstre a Jesus que você confia nele.

Agir pela fé em Jesus demonstra e comprova que você confia nele. Quando Abraão se dispôs a oferecer Isaque, Deus lhe disse algo maravilhoso, algo que tinha tremendas implicações: "Agora sei que você teme a Deus". Ele não sabia até então. Agora Deus tinha certeza. Ele quer que todos nós, de uma forma ou de outra, provemos nossa confiança nele. Isso significa correr algum tipo de risco. Significa confiar nele durante a crise. Significa demonstrar que cremos nele. Tudo isso está implícito na pequena palavra "nele".

Agora quero analisar outras duas palavras. Esse versículo começa com a palavra "porque". Ela é muito importante. Sempre que você se deparar com a palavra "porque" deve se perguntar a razão de ela estar ali. Há um motivo para ela ter sido usada, e o motivo é criar uma ligação com o que foi dito antes. Trata-se de uma oração subordinada à oração principal. Portanto, é necessário retornar ao contexto para descobrir por que o autor se expressa dessa forma. A última palavra sobre a qual quero falar é "tanto". Esse advérbio de intensidade, infelizmente, é usado de forma inadequada. Em seu lugar, deveríamos ter uma locução conjuntiva. A palavra no grego significa "desse modo" ou "de tal maneira" ou "exatamente da mesma forma". Além disso, as traduções da Bíblia colocam-na no lugar errado. No grego, ela vem logo no início da frase, antes da palavra "Deus": "Desse modo Deus amou o mundo". Esses problemas de tradução têm gerado muitas interpretações equivocadas. Pensamos que o texto está dizendo que "Deus amou tanto o mundo, ou de forma tão profunda e maravilhosa, que deu seu Filho", mas esse não é, de modo algum, seu significado. No grego, a mesma palavra aparece no início do versículo anterior: "Da mesma forma como Moisés levantou a serpente no deserto, *assim também* é necessário que o Filho do homem seja levantado". Trata-se da mesma palavra *houtos*, que significa: exatamente da mesma forma; tal como; assim também. *Da mesma forma como Moisés levantou a serpente no deserto, assim também, da mesma forma, é necessário que o Filho do homem seja levantado.* A ideia se repete no versículo 16: Porque Deus, da mesma forma, amou o mundo. Porque assim também Deus amou o mundo. A melhor tradução seria "exatamente da mesma forma".

Há aqui uma comparação entre dois eventos do mesmo tipo e, por essa razão, não é possível entender João 3.16 sem João 3.14-15. Os versículos estão conectados. "Na verdade, exatamente da mesma forma, Deus agiu em amor assim como fez em uma ocasião anterior" referindo-se a um horrível incidente no qual milhares de pessoas do povo de Deus morreram por uma decisão do próprio Deus. Uma lembrança do tempo que passaram no deserto; uma referência ao relato de Números 21. Os filhos de Israel continuavam no deserto e ainda cumpririam a outra metade dos quarenta anos de punição por sua falta de fé para entrar na Terra Prometida após duas semanas de sua partida do Egito.

Eles poderiam ter chegado à terra de Canaã em menos de 15 dias, mas lhes faltou fé. Enviaram 12 espias à terra, e dez deles retornaram e disseram: "Jamais conseguiremos entrar. Eles são mais fortes do que nós. São gigantes, e os muros da cidade alcançam o céu!" Dois deles, no entanto, Josué e Calebe, acreditavam que o povo conseguiria entrar, pois estaria sobre os ombros de Deus e, portanto, acima dos habitantes mais altos. Gosto disso. É um ótimo argumento. "E sobre os ombros de Deus olharemos por cima dos muros de suas cidades." Com Jericó, é claro, a primeira cidade que tomaram, quarenta anos depois, os muros ruíram. Mas foi necessário que passassem quarenta anos no deserto até que todos, exceto Josué e Calebe, estivessem mortos.

Todos os outros pereceram na jornada, mas enquanto ainda viviam e vagavam pelo deserto, algo aconteceu. Diante da escassez de alimento, eles se lembraram do que comiam no Egito quando tinham cebolas, alho e ervas raras. Queixaram-se e Deus lhes deu "o que é isto?", *manna* em hebraico. Todas as manhãs, o maná estava sobre o solo e tudo o que tinham a fazer era recolhê-lo. O alimento continha todos os nutrientes, proteínas e vitaminas de que precisavam. Eles o chamavam de "pão do céu".

Nos primeiros dias, eles se fartaram do alimento, mas imagine comer "o que é isto?" no café da manhã, no almoço, no lanche da tarde e no jantar durante anos a fio. Talvez as crianças perguntassem: "O que tem para o almoço?", e a resposta era: "O que é isto!" Depois de comerem "o que é isto" em todas as refeições, eles se cansaram e começaram a reclamar. O maná lhes garantia a sobrevivência no deserto, onde não havia alimento, mas eles murmuraram. "Estamos cansados do maná". Murmuraram contra Deus por ter-lhes enviado o maná.

Para puni-los, Deus enviou centenas de serpentes venenosas que invadiram o acampamento e mataram todos os que eram picados por elas. Eles foram castigados com a praga das serpentes, e então perceberam que erraram ao murmurar contra Deus. Pediram que Moisés dissesse a Deus que estavam arrependidos e cientes de que não deveriam ter se queixado. Moisés buscou o Senhor e lhe disse: "Deus, eles estão arrependidos agora. O Senhor poderia remover as serpentes?" Deus respondeu: "Não removerei as serpentes. Vou deixá-las, mas concederei a cura aos que forem picados. Faça uma serpente de bronze e prenda-a no alto de um mastro, um poste, e então coloque o poste no alto do monte mais próximo do acampamento. Aquele que for picado deve subir ao monte e olhar para a serpente, e o veneno não será fatal. Mas é preciso que façam isso. Vou deixar a ameaça de morte, mas também lhes darei a cura".

João, portanto, está dizendo: *Assim também* Deus amou o mundo e deu seu Filho Unigênito. "Da mesma forma [como a serpente foi levantada no deserto]", diz Jesus a Nicodemos, "o Filho do homem será levantado" – em um madeiro. O veneno [do pecado] não terá efeito sobre todo aquele que contemplá-lo. Podemos ver a conexão e a lição óbvia. Por isso a cruz é tão importante. Basta que todo aquele que estiver condenado à morte por causa do seu pecado olhe para a cruz, que a contemple – essa é a provisão de Deus para o nosso pecado. É maravilhoso!

Percebe agora o sentido de "porque" e "tanto" em João 3.16? Ele está traçando um paralelo com esse incidente em Números 21. Não é incrível que o versículo anterior fale sobre a morte de milhares de pessoas do povo de Deus, pelas mãos do próprio Deus, e sobre a cura provida por ele? Esse é o contexto. Se você não conhece Números 21, não vai entender João 3.16. Para que possamos entender o v. 16, devemos voltar aos primeiros livros do Antigo Testamento.

João está oferecendo o texto de 3.16 aos crentes que correm o risco de serem envenenados e levados à segunda morte, a morte que significa "perecer". Ele está dizendo: "Você pode ser curado voltando-se para a cruz, contemplando-a e deixando que ela mude a sua vida". É o evangelho para que os crentes continuem crendo e continuem a ter vida. Você só poderá continuar a ter vida eterna se olhar para Jesus e mantiver os olhos fixos nele. Não há vida em você mesmo. Você é um ramo da videira verdadeira, e Jesus disse: "Habite em mim. Permaneça em mim e minha vida estará em você". Essa é a essência do Evangelho de João e o ponto central dessa passagem.

    Portanto, vá e ensine a outros o que João 3.16 realmente está dizendo. Embora os três textos que selecionei sejam todos usados no evangelismo, um deles não se aplica à nossa experiência como crentes ou descrentes hoje, e dois deles são dirigidos a crentes, não a descrentes. Trágico é que, caso você apresente João 3.16 a um incrédulo como sendo a síntese do evangelho, não há nada no texto sobre o arrependimento ou sobre o batismo. Na verdade, não há nada sobre arrependimento em todo o Evangelho de João e esse é um dos argumentos usados pelas pessoas que creem na graça livre. Elas afirmam que não precisamos de arrependimento, que há perdão disponível sem arrependimento porque o Evangelho de João não o menciona. Na verdade, o arrependimento não é mencionado porque esse Evangelho foi escrito para crentes que, em princípio, já tinham se arrependido de seus pecados. Foi escrito para que as pessoas continuassem crendo e, assim, continuassem a ter vida e nunca perecessem. Que versículo fantástico!

    Muito do que expliquei é novo para você? Bem, pense a respeito, estude o original em grego, se puder, ou procure alguém que conheça grego e possa confirmar se o que ensinei é verdade. Sempre confirme as palavras de um pregador. Por favor, não aceite nada do que David Pawson explica sem antes averiguar a mensagem em sua Bíblia. Não quero que você acredite em nada do que escrevi se não puder encontrar as bases bíblicas para o que estou afirmando. Portanto, não diga: "Sabe em que David Pawson acredita?" Você mesmo deve certificar-se se o que eu digo está na Bíblia, e então pode dizer aos outros: "A Bíblia diz isso". Esse é um alicerce muito mais seguro para a sua fé. Não quero um fã clube. Quero proclamar a verdade conforme eu a entendo e pedir que meus ouvintes consultem a Bíblia por si mesmos para descobrir toda a verdade do que Deus nos revelou em sua Palavra.

SOBRE DAVID PAWSON

Conferencista e escritor com inabalável fidelidade às Sagradas Escrituras, David traz clareza e uma mensagem de urgência aos cristãos para que descubram tesouros escondidos da Palavra de Deus.

Nascido na Inglaterra em 1930, David iniciou sua carreira com formação em Agronomia pela Universidade de Durham. Quando Deus interveio e o chamou para que se tornasse Pastor, ele concluiu o Mestrado em Teologia pela Universidade de Cambridge, e, durante três anos, serviu como capelão na Força Aérea Real. Passou então a pastorear várias igrejas, entre elas o Centro Millmead, em Guildford, que se tornou um modelo para muitos líderes de igrejas do Reino Unido. Em 1979, o Senhor o conduziu a um ministério internacional. Atualmente, seu ministério itinerante é predominantemente para líderes de igrejas. David e sua esposa, Enid, moram hoje no condado de Hampshire, no Reino Unido.

Ao longo dos anos, ele escreveu um grande número de livros, publicações e notas diárias de leitura. Suas extensas e muito acessíveis análises dos livros da Bíblia foram gravadas e publicadas em "Unlocking the Bible" (A Chave para Entender a Bíblia). Milhões de cópias de seu material de ensino têm sido distribuídas em mais de 120 países, oferecendo sólido embasamento bíblico.

Ele é considerado o "pregador ocidental mais influente na China" graças à transmissão de sua bem-sucedida série "Unlocking the Bible" a todas as províncias da China, através da God TV. No Reino Unido, os ensinos de David são transmitidos com frequência pela Revelation TV.

Incontáveis fiéis em todo o mundo também se beneficiaram de sua generosa decisão, em 2011, de disponibilizar sua extensa biblioteca audiovisual, sem custo algum, em: **www.davidpawson.org**. Recentemente, todos os vídeos de David foram carregados em um canal específico em: **www.youtube.com**

SÉRIE A BÍBLIA EXPLICA
VERDADES BÍBLICAS APRESENTADAS DE FORMA SIMPLES

Se você foi abençoado com a leitura deste livro, saiba que outros títulos da série estão disponíveis. Acesse **www.aBibliaexplica.com** e inscreva-se para baixar mais livros gratuitos.

A série A Bíblia Explica inclui:
A Fascinante História de Jesus
A Ressurreição: O ponto central do cristianismo
Como Estudar a Bíblia
A Unção e o Enchimento do Espírito Santo
O Batismo no Novo Testamento
Como Estudar um Livro da Bíblia: Judas
Os principais passos para se tornar um cristão
O que a Bíblia diz sobre: Dinheiro
O que a Bíblia diz sobre: Trabalho
Graça: Favor imerecido, Força irresistível ou Perdão incondicional?
Seguro para sempre? O que a Bíblia diz sobre: Salvação
O Fim dos Tempos
Três textos geralmente usados fora do contexto: Explicando a verdade e expondo o erro
A Trindade
A Verdade sobre o Natal

Você também pode adquirir cópias impressas em:
Amazon ou **www.thebookdepository.com**

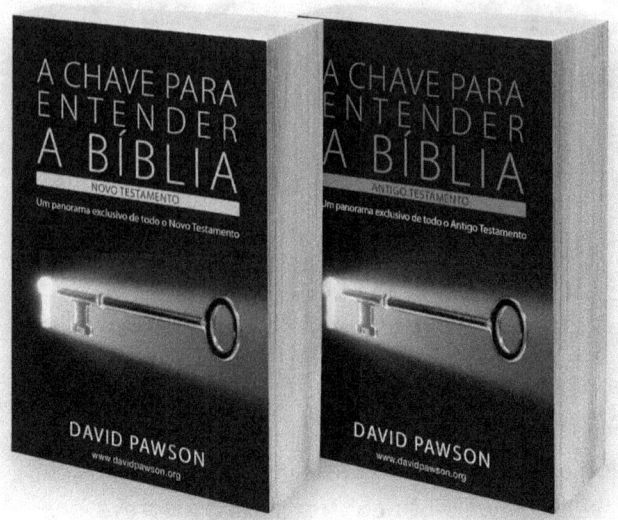

A CHAVE PARA ENTENDER A BÍBLIA

Um panorama exclusivo do Antigo e do Novo Testamento, nas palavras de David Pawson – conferencista e escritor evangélico, reconhecido internacionalmente. "*A Chave para Entender a Bíblia*" elucida a palavra de Deus de maneira inovadora e poderosa. Em uma clara distinção aos tradicionais estudos e comentários bíblicos que tratam versículo por versículo, este livro apresenta a história épica do relacionamento entre Deus e seu povo, em Israel. A cultura, o contexto histórico e os personagens são apresentados e os ensinamentos são aplicados ao mundo contemporâneo. Oito volumes foram compilados nesta edição abrangente, compacta e fácil de usar, com tópicos que cobrem o Antigo e o Novo Testamento.

Do Antigo Testamento: As Instruções do Criador – Os Cinco Livros da Lei; Uma Terra e um Reino – Josué, Juízes, Rute e 1 e 2 Samuel, 1 e 2 Reis; Poemas de Louvor e Sabedoria – Salmos, Cântico dos cânticos, Provérbios, Eclesiastes, Jó; Declínio e Queda de um Império – Isaías, Jeremias e outros profetas; A Luta pela Sobrevivência – Crônicas e os profetas do exílio.

Do Novo Testamento: O Eixo da História – Mateus, Marcos, Lucas, João e Atos; O Décimo Terceiro Apóstolo – Paulo e suas cartas; Do Sofrimento à Glória – Apocalipse, Hebreus, as cartas de Tiago, Pedro e Judas.

Este livro é um best-seller internacional.

OUTROS MATERIAIS DE ENSINO
DE DAVID PAWSON

Para acessar a lista atualizada com os títulos de David Pawson, visite:
www.davidpawsonbooks.com

Para comprar os materiais de ensino de David Pawson, acesse a página:
www.davidpawson.com

www.ingramcontent.com/pod-product-compliance
Lightning Source LLC
Chambersburg PA
CBHW071549080526
44588CB00011B/1844